데일 카네기
100일
성공확언

편역 김현아

캐나다 소재 고등학교(WVSS)와 대학교(SFU)를 졸업하고 동국대학교 영상대학원 문화예술학 석사 과정을 이수했습니다. 테솔 자격증과 드라마 테솔 자격증을 취득했고, 성인과 어린이 대상의 영어 교육 관련 일을 하고 있습니다. 번역한 책으로는 《빨강머리 앤이 건네는 말》이 있습니다.

성공으로 이끄는 필사 01
데일 카네기 100일 성공확언

1판 1쇄 인쇄 2022년 4월 15일
1판 1쇄 발행 2022년 4월 25일

—

편역 김현아

—

펴낸이 김은중
편집 허선영 디자인 김순수
펴낸곳 가위바위보
출판 등록 2020년 11월 17일 제 2020-000316호
주소 서울시 마포구 월드컵북로400 5층 8호 (우편번호 03925)
전화 02-3153-1105 팩스 02-6008-5011
전자우편 gbbbooks@naver.com
네이버블로그 gbbbooks 인스타그램 gbbbooks 페이스북 gbbbooks

—

ISBN 979-11-921560-2-6 03320

가위바위보 출판사는 나답게 만드는 책, 그리고 다함께 즐기는 책을 만듭니다.

데일 카네기

Dale Carnefie

100일

성공확언

Success Affirmation

GBB

성공학의 대가, 데일 카네기

데일 카네기는 자기계발 분야에서 가장 영향력 있는 멘토로 손꼽힙니다. 그는 비즈니스에 어려움을 겪는 사람들을 현장에서 만나며 해법을 찾기 위해 한평생을 바쳤습니다. 그가 남긴 책들 중《인간관계론How to Win Friends and Influence People》,《자기관리론How to Stop Worrying and Start Living》,《성공대화론 Public Speaking and Influencing Men in Business》은 냉철한 진단과 명료한 분석을 통해 활용 가능한 해결책을 제시하면서 따스하고도 유쾌한 조언을 해 '자기계발서의 바이블'로 불립니다. 특히《인간관계론》은 미국 역대 대통령들에게 영향을 주었고, 최고의 투자자 워렌 버핏도 '자신의 삶을 바꾼 20세기 최고의 책'이라고 극찬했지요.

데일 카네기는 1888년 미국 미주리 주의 노동자 집안에서 태어났습니다. 워런스버그 주립 사범대학을 졸업한 후 여러 직업을 전전하며 실패의 쓴맛을 보았고 비즈니스에서 성공하기 위해 다양한 경험도 쌓았지요.

그는 1912년 YMCA에서 두려움을 없애고 자신감을 가질 수 있는 스피치 기술을 가르치기 시작했습니다. 효과적으로 대중을 설득시킬 수 있는 기법을 제시하면서 수많은 사람들이 강연장으로 몰렸고, 이 때문에 그의 이름이 크게 알

려지게 됩니다.

　그는 이 경험을 경영분야에 적용시켜 '데일 카네기 트레이닝'이라는 비즈니스 훈련 프로그램을 시작합니다. 성공 비즈니스를 위한 스피치 기술을 정리해 1926년에 《성공대화론》을, 1936년에는 사람의 마음을 움직여 성공적인 인간관계를 맺을 수 있는 《인간관계론》을 펴냈습니다. 《인간관계론》은 인간에 대한 통찰이 돋보이는 자기계발서로 전 세계에 6,000만 부 이상 팔리면서 고전 중의 고전이 되지요. 이후 1948년에 출간한 《자기관리론》으로 또 한 번 돌풍을 일으킵니다. 이 책에는 걱정을 떨쳐내고 성공적으로 사는 법이 담겨 있습니다.

　그는 각계각층의 사람들로부터 성공과 실패의 사례들을 수집한 후 동서고금의 자료들을 샅샅이 찾아보면서 원인을 분석하고 해결책을 도출했습니다. 그래서 그의 책에는 생생한 사례와 언제든 활용할 수 있는 방법, 그리고 시간이 흘러도 변하지 않는 원칙이 들어 있지요. 데일 카네기가 1955년에 사망한 후 반세기가 지났어도 그의 책이 읽히는 이유는, 그가 남긴 성공원칙들이 경제적 위기 때마다 수많은 사람들을 통해 증명되었기 때문입니다.

　세상에는 성공법칙을 알려주는 책들이 많습니다. 그러나 통찰력 있는 핵심 원칙을 증류하고 압축했을 뿐만 아니라 사람들에게 용기와 힘을 주는 자기계발서는 드물지요. 세월이 흘러도 사람 냄새 나고, 땀과 눈물, 연대와 위안이 스며 있는 데일 카네기의 책들은 성공을 향해 가는 이들에게 등대가 되어줄 것입니다.

누구나 쉽게, 100일간의 성공 트레이닝!

검증된 카네기의 성공법칙

데일 카네기는 미국 대공항 시기에 실패를 겪은 사람들과 성공을 거둔 유명 인사들을 수없이 만나며, 실패의 원인과 성공의 비결을 추출하고 분석해《인간 관계론》,《자기관리론》,《성공대화론》을 남겼습니다.

세 권의 책은 자기계발 분야에서 불멸의 고전으로 불립니다. 국경과 시대를 뛰어넘어 보편적이면서 근원적인 성공의 핵심 원칙이 담겨 있기 때문입니다.

카네기의 3부작에는 나, 타인, 세상을 통합적으로 보는 안목과 지금 바로 실천할 수 있는 원칙들이 많이 들어 있습니다.

이중에서 복잡한 어휘를 쓰지 않고 쉽고 선명하게 표현된 핵심 원칙들만 골라 100가지의 카네기 성공확언으로 만들었습니다. 간결하고 명료해야 모든 이들이 이해하기 쉽고 실제 상황에 적용할 수 있기 때문이에요.

데일 카네기 성공확언은 성공을 방해하는 마음과 태도, 인간관계의 갈등, 인생에 대한 부정적 시각을 스스로 바로잡을 수 있는 도구입니다.

성공을 만드는 가장 강력한 방법, 확언 필사

모두가 성공을 꿈꾸며 매일매일 자기계발을 합니다. 시간과 돈, 열정을 쏟으며 부단하게 노력하지요. 하지만 실패의 경험이 쌓일수록 부정적인 마음도 고착화됩니다.

그런데 언제 어디서든, 쉽고도 유용하게 성공으로 갈 수 있는 길이 있어요. 바로 '확언'입니다. 확언은 긍정적인 마음을 바꾸고 태도를 변화시켜줍니다. 정말 효과가 있을까 하고 의심할 수도 있지만, 가랑비가 바위를 뚫는 것처럼 매일 확언을 쓰고 외운다면 10일 후 100일 후 달라진 자신을 발견하게 될 거예요.

수많은 성공 사례를 보여준 데일 카네기의 저서 중에서 성공확언으로 새길 만한 내용들을 추려, 일상에서 실천할 수 있게 만든 이 책을 통해 매일 확언을 적고 되뇌면 어제와는 다른 오늘을 만나게 될 거예요. 그리고 잠재의식을 서서히 변화시켜 행동과 경험, 결과까지 바꿔놓을 것입니다.

성공확언 필사를 통해 10일, 50일, 100일 후 얼마나 성장해 있을지 직접 경험해보길 바랍니다.

내가 만드는 카네기 성공확언 필사법

성취와 실패의 순간을 머릿속으로 정리해보세요

- 출근 전이나 퇴근 후 매일 일정한 시간을 정하세요.

- 카네기 성공확언을 크게 소리 내 읽거나 조용히 읊조리세요. 비즈니스에서 어려움을 겪었던 기억이 생각난다면, 그때의 일을 찬찬히 떠올려보세요.

- 과거에 좌절했다면 왜 그랬는지 생각해보세요.

- 성취했다면 그렇게 만든 힘은 무엇이었는지 생각해보세요.

필사하면서 긍정의 법칙을 익혀가세요

- 카네기의 성공확언을 한 글자씩 따라 적어보세요.

- 스스로 정리한 실패와 성공의 원인을 필사에 녹여보세요.

- 실패했다면 다시는 되풀이하지 않겠다고 다짐하세요.

- 성공했다면 도약을 위해 필요한 게 무엇인지 찾아보세요.

'오늘의 결심'에 자신의 생각을 적어보세요

• 하루를 정리하면서 성공을 위해 고쳐야 할 점과 깨달은 점을 적어보세요.

• 성공확언을 통해 결심한 자신의 다짐을 적어보세요.

• 1년 후 10년 후 달라질 자신의 모습을 상상해보세요.

언제 어디서든 성공확언을 적용해보세요

• 카네기 성공확언에 자신의 스토리를 입혔다면 당신만의 성공확언이 된 거예요.

• 언제 어디서든 문제에 봉착했을 때 성공확언을 적용해보세요. 그리고 어떤 효과가 있는지 살펴보세요.

미러클 선언문과 파워 노트를 써보세요

• 자신을 바꾸고 싶은 말을 선언문으로 써서 세상에 알려보세요.

• 긍정의 에너지가 담긴 글들을 파워 노트에 적어보세요. 숨어 있는 당신의 잠재력을 일깨워줄 거예요.

바람이 불지 않을 때
바람개비를 돌리는 방법은
내가 앞으로 달려 나가는 것이다.

———

The way to blow windmill
without wind is to run toward.

- 데일 카네기

DAY
1

우리의 인생은

우리의 생각대로 만들어진다.

Our life is what our thoughts make it.

1. 우리의 인생은 우리의 생각대로 만들어진다.

2.

3.

4.

5.

6.

7.

8.

9.

10.

오늘의 결심

Date _____ . _____ . _____ .

DAY 2

평온한 마음을 줄 수 있는 것은

당신 자신밖에 없다.

Nothing can bring you peace but yourself.

1. 평온한 마음을 줄 수 있는 것은 당신 자신밖에 없다.

2.

3.

4.

5.

6.

7.

8.

9.

10.

오늘의 결심

Date _____ . _____ . _____ .

DAY
_____
3

골치 아픈 문제보다

당신이 받은 행운을 헤아려보라.

Count your blessings-not your troubles!

1. 골치 아픈 문제보다 당신이 받은 행운을 헤아려보라.

2.

3.

4.

5.

6.

7.

8.

9.

10.

오늘의 결심

Date _____ . _____ . _____ .

DAY

4

우리는 자신이 생각하는 것보다

훨씬 강하다.

Most of us are stronger than we realise.

1. 우리는 자신이 생각하는 것보다 훨씬 강하다.

2.

3.

4.

5.

6.

7.

8.

9.

10.

오늘의 결심

Date _____ . _____ . _____ .

DAY

5

늘 바쁘게 살라.

걱정이 많을수록 절망에 빠지지 않게

일에 몰두하라.

Keep busy. The worried person must lose himself in action,

lest be wither in despair.

1. 늘 바쁘게 살라.
   걱정이 많을수록 절망에 빠지지 않게 일에 몰두하라.

2.

3.

4.

5.

6.

7.

8.

9.

10.

오늘의 결심

Date _____ . _____ . _____ .

DAY

6

걱정을 없애고 싶다면 오늘의 삶에 충실하라.

마음 졸이며 미래를 걱정하지 말라.

If you want to avoid worry,
live in 'day-tight compartments'.
Don't stew about the future.

1. 걱정을 없애고 싶다면 오늘의 삶에 충실하라.
   마음 졸이며 미래를 걱정하지 말라.

2.

3.

4.

5.

6.

7.

8.

9.

10.

오늘의 결심

Date _____ . _____ . _____ .

DAY
7

행복해지고 싶다면 은혜를 바라지 말고 베풀어라.

기쁨을 얻을 것이다.

If we want to find happiness, let's stop thinking about
gratitude and give for the inner joy of giving.

1. 행복해지고 싶다면 은혜를 바라지 말고 베풀어라.
   기쁨을 얻을 것이다.

2.

3.

4.

5.

6.

7.

8.

9.

10.

오늘의 결심

Date _____ . _____ . _____ .

DAY

8

역사책을 탐독하라!

만 년을 꿰뚫어보는 관점을 얻게 될 것이다.

Read history!
Try to get the viewpoint of ten thousand years.

1. 역사책을 탐독하라!
　　만 년을 꿰뚫어보는 관점을 얻게 될 것이다.

2.

3.

4.

5.

6.

7.

8.

9.

10.

오늘의 결심

Date _____ . _____ . _____ .

DAY

9

내일을 준비하는 최선의 방법은 지혜와 열정을 모아

오늘 할 일을 훌륭하게 해내는 것이다.

The best possible way to prepare for tomorrow is
to concentrate with all your intelligence, all your enthusiasm,
on doing today's work superbly today.

1. 내일을 준비하는 최선의 방법은 지혜와 열정을 모아
   오늘 할 일을 훌륭하게 해내는 것이다.

2.

3.

4.

5.

6.

7.

8.

9.

10.

오늘의 결심

Date _____ . _____ . _____ .

DAY

10

마음의 평화는

최악의 상황을 받아들이는 데서 온다.

True peace of mind comes from accepting the worst.

1. 마음의 평화는 최악의 상황을 받아들이는 데서 온다.

2.

3.

4.

5.

6.

7.

8.

9.

10.

오늘의 결심

Date _____ . _____ . _____ .

DAY
11

타인의 마음을 움직이는 데 성공한 사람들은
논쟁보다 암시를 더 많이 사용한다.

*Those who are most successful in handling others
rely more upon suggestion than upon argument.*

1. 타인의 마음을 움직이는 데 성공한 사람들은
   논쟁보다 암시를 더 많이 사용한다.

2.

3.

4.

5.

6.

7.

8.

9.

10.

오늘의 결심

Date _____ . _____ . _____ .

DAY
12

삶은 끝없는 변화의 연속이다.

확실한 것은 오늘밖에 없다.

Life is a ceaseless change. The only certainty is today.

1. 삶은 끝없는 변화의 연속이다. 확실한 것은 오늘밖에 없다.

2.

3.

4.

5.

6.

7.

8.

9.

10.

오늘의 결심

Date _____ . _____ . _____ .

DAY 13

당신이 하는 말이
곧 당신 자신이다.

You can never say anything but what you are!

1. 당신이 하는 말이 곧 당신 자신이다.

2.

3.

4.

5.

6.

7.

8.

9.

10.

오늘의 결심

Date _____ . _____ . _____ .

DAY

14

이미 일어난 일을 기꺼이 받아들이는 것이야말로
모든 불행을 극복하는 첫걸음이다.

Acceptance of what has happened is the first step in
overcoming the consequences of any misfortune.

1. 이미 일어난 일을 기꺼이 받아들이는 것이야말로
　모든 불행을 극복하는 첫걸음이다.

2.

3.

4.

5.

6.

7.

8.

9.

10.

오늘의 결심

Date _____ . _____ . _____ .

DAY

15

차가운 이념보다 뜨거운 감정이

더 강력한 힘을 가진다.

Feelings are more powerful than cold ideas.

1. 차가운 이념보다 뜨거운 감정이 더 강력한 힘을 가진다.

2.

3.

4.

5.

6.

7.

8.

9.

10.

오늘의 결심

Date _____ . _____ . _____ .

성공을 끌어당기는
미러클 선언문

내가 하는 생각,

내가 하는 말이 곧 나의 삶이 됩니다.

나는 앞으로

_____ 하며

_____ 하고

_____

할 것입니다.

나는 해낼 수 있습니다.

성공 파워 노트

반복되는 일상에서, 사람들과의 만남에서, 책에서

발견한 성공확언이 있을 거예요.

그것을 여기에 적어보세요.

그 말들이 당신의 잠재력을 일깨워 성공을 앞당길 거예요.

DAY

16

인간관계에서 성공하려면
다른 사람의 입장을 이해하라.

Success in dealing with people depends on
a sympathetic grasp of the other person's viewpoint.

1. 인간관계에서 성공하려면 다른 사람의 입장을 이해하라.

2.

3.

4.

5.

6.

7.

8.

9.

10.

오늘의 결심

Date _____ . _____ . _____ .

DAY
17

감동적으로 설득하려면 시각적인 비교를 사용하라.

청각적 인상은 쉽게 지워진다.

To be impressive and convincing use graphic comparisons.
Ear impressions are easily obliterated.

1. 감동적으로 설득하려면 시각적인 비교를 사용하라.
   청각적 인상은 쉽게 지워진다.

2.

3.

4.

5.

6.

7.

8.

9.

10.

오늘의 결심

Date _____ . _____ . _____ .

DAY

18

누군가를 설득하려면

도전의욕을 불러일으켜라.

If you want to win people to your way of thinking,
throw down a challenge.

1. 누군가를 설득하려면 도전의욕을 불러일으켜라.

2.

3.

4.

5.

6.

7.

8.

9.

10.

오늘의 결심

Date _____ . _____ . _____ .

DAY

19

개와 싸우다가 물리느니,

길을 비켜주는 게 더 낫다.

Better give your path to a dog than be bitten
by him in contesting for the right.

1. 개와 싸우다가 물리느니, 길을 비켜주는 게 더 낫다.

2.

3.

4.

5.

6.

7.

8.

9.

10.

오늘의 결심

Date _____ . _____ . _____ .

DAY

20

잘못을 했다면

그 즉시 분명하게 인정하라.

If you are wrong, admit it quickly and emphatically.

1. 잘못을 했다면 그 즉시 분명하게 인정하라.

2.

3.

4.

5.

6.

7.

8.

9.

10.

오늘의 결심

Date _____ . _____ . _____ .

DAY
21

진심에서 우러나오는 칭찬만큼

강한 힘을 가진 것은 없다.

Such is the power, the stupendous power,
of sincere, heartfelt appreciation.

1. 진심에서 우러나오는 칭찬만큼 강한 힘을 가진 것은 없다.

2.

3.

4.

5.

6.

7.

8.

9.

10.

오늘의 결심

Date _____ . _____ . _____ .

DAY

22

누군가를 설득하려면

상대방의 생각이나 욕구에 공감하라.

If you want to win people to your way of thinking,
be sympathetic with the other person's ideas and desires.

1. 누군가를 설득하려면 상대방의 생각이나 욕구에 공감하라.

2.

3.

4.

5.

6.

7.

8.

9.

10.

오늘의 결심

Date _____ . _____ . _____ .

DAY

23

상대의 체면을 세워줘라.

그것만큼 중요한 일은 없다.

Letting one save face!
How important, how vitally important that is!

1. 상대의 체면을 세워줘라. 그것만큼 중요한 일은 없다.

2.

3.

4.

5.

6.

7.

8.

9.

10.

오늘의 결심

Date _____ . _____ . _____ .

DAY

24

리더가 되려면

칭찬과 감사의 말로 시작하라.

If you be a leader,
begin with praise and honest appreciation.

1. 리더가 되려면 칭찬과 감사의 말로 시작하라.

2.

3.

4.

5.

6.

7.

8.

9.

10.

오늘의 결심

Date _____ . _____ . _____ .

DAY

25

두려움은

무지와 불확실성에서 생긴다.

Fear is begotten of ignorance and uncertainty.

1. 두려움은 무지와 불확실성에서 생긴다.

2.

3.

4.

5.

6.

7.

8.

9.

10.

오늘의 결심

Date _____ . _____ . _____ .

DAY

26

누군가에게 어떤 일을 시키려면
스스로 그 일을 원하게 만들어라.

There is only one way under high heaven to get anybody to do
anything. That is by making the other person want to do it.

1. 누군가에게 어떤 일을 시키려면 스스로 그 일을 원하게 만들어라.

2.

3.

4.

5.

6.

7.

8.

9.

10.

오늘의 결심

Date _____ . _____ . _____ .

DAY

27

말하기에서 중요한 것은 냉철한 어법이 아니다.

그 뒤에 숨어 있는 인간, 정신, 신념이다.

The great thing in a speech is not the cold phraseology, but
the man, the spirit, the convictions behind that phraseology.

1. 말하기에서 중요한 것은 냉철한 어법이 아니다.
   그 뒤에 숨어 있는 인간, 정신, 신념이다.

2.

3.

4.

5.

6.

7.

8.

9.

10.

오늘의 결심

Date _____ . _____ . _____ .

DAY

28

말보다

행동이 더 설득력 있다.

Actions speak louder than words.

1. 말보다 행동이 더 설득력 있다.

2.

3.

4.

5.

6.

7.

8.

9.

10.

오늘의 결심

Date _____ . _____ . _____ .

DAY

29

열정 없이 성취되는

위대한 일이란 없다.

Nothing great was ever achieved without enthusiasm.

1. 열정 없이 성취되는 위대한 일이란 없다.

2.

3.

4.

5.

6.

7.

8.

9.

10.

오늘의 결심

Date _____ . _____ . _____ .

DAY

30

이기심을 버리고 이타적으로 살라.

그러면 수많은 기회를 얻을 수 있다.

The rare individual who unselfishly tries to serve
others has an enormous advantage.

1. 이기심을 버리고 이타적으로 살라.
   그러면 수많은 기회를 얻을 수 있다.

2.

3.

4.

5.

6.

7.

8.

9.

10.

오늘의 결심

Date _____ . _____ . _____ .

성공을 끌어당기는
미러클 선언문

내가 하는 생각,

내가 하는 말이 곧 나의 삶이 됩니다.

나는 앞으로

_____ 하며

_____ 하고

_____

할 것입니다.

나는 해낼 수 있습니다.

성공 파워 노트

반복되는 일상에서, 사람들과의 만남에서, 책에서

발견한 성공확언이 있을 거예요.

그것을 여기에 적어보세요.

그 말들이 당신의 잠재력을 일깨워 성공을 앞당길 거예요.

DAY
31

대담하다고 생각하지 않더라도
대담한 척하라. 그러면 정말 대담해진다.

The man does in very fact become fearless by sheer dint of
practising fearlessness when he does not feel it.

1. 대담하다고 생각하지 않더라도
   대담한 척하라. 그러면 정말 대담해진다.

2.

3.

4.

5.

6.

7.

8.

9.

10.

오늘의 결심

Date _____ . _____ . _____ .

DAY
32

약점은

뜻밖에도 우리를 돕는다.

Our infirmities help us unexpectedly.

1. 약점은 뜻밖에도 우리를 돕는다.

2.

3.

4.

5.

6.

7.

8.

9.

10.

오늘의 결심

Date _____ . _____ . _____ .

DAY

33

체념은 삶에서

가장 중요한 준비물이다.

A good supply of resignation is of the first importance in
providing for the journey of life.

1. 체념은 삶에서 가장 중요한 준비물이다.

2.

3.

4.

5.

6.

7.

8.

9.

10.

오늘의 결심

Date _____ . _____ . _____ .

DAY
34

행복으로 가는 길은 단 하나다.

바로 우리의 의지를 넘어서는 일은

걱정하지 않는 것이다.

There is only one way to happiness, and that is to cease
worrying about things which are beyond the power of our will.

1. 행복으로 가는 길은 단 하나다.
   바로 우리의 의지를 넘어서는 일은 걱정하지 않는 것이다.

2.

3.

4.

5.

6.

7.

8.

9.

10.

오늘의 결심

Date _____ . _____ . _____ .

DAY

35

미소는 돈 한 푼 들이지 않고도

많은 것을 이루게 해준다.

A smile costs nothing, but creates much.

1. 미소는 돈 한 푼 들이지 않고도 많은 것을 이루게 해준다.

2.

3.

4.

5.

6.

7.

8.

9.

10.

오늘의 결심

Date _____ . _____ . _____ .

DAY

36

사람들의 이름을 기억하고 자주 불러라.

그것은 섬세하면서 매우 효과적인 칭찬법이다.

Remember that name and call it easily,
and you have paid a subtle and very effective compliment.

1. 사람들의 이름을 기억하고 자주 불러라.
   그것은 섬세하면서 매우 효과적인 칭찬법이다.

2.

3.

4.

5.

6.

7.

8.

9.

10.

오늘의 결심

Date _____ . _____ . _____ .

DAY
37

상대방에게 깊은 관심을 기울여라.

그것이 비즈니스 미팅에서 가장 중요하다.

There is no mystery about successful business intercourse.
Exclusive attention to the person who is
speaking to you is very important.

1. 상대방에게 깊은 관심을 기울여라.
   그것이 비즈니스 미팅에서 가장 중요하다.

2.

3.

4.

5.

6.

7.

8.

9.

10.

오늘의 결심

Date _____ . _____ . _____ .

DAY

38

비판은 고귀한 자존심에 상처를 입히고,

자신감을 해치며, 분노를 자극한다.

Criticism is dangerous, because it wounds a person's precious
pride, hurts his sense of importance, and arouses resentment.

1. 비판은 고귀한 자존심에 상처를 입히고,
   자신감을 해치며, 분노를 자극한다.

2.

3.

4.

5.

6.

7.

8.

9.

10.

오늘의 결심

Date _____ . _____ . _____ .

DAY

39

정확하게 알지 못하면

혼란 속에서 마음을 졸이는 일만 하게 된다.

Without the facts, all we can do is stew around in confusion.

1. 정확하게 알지 못하면 혼란 속에서 마음을 졸이는 일만 하게 된다.

2.

3.

4.

5.

6.

7.

8.

9.

10.

오늘의 결심

Date _____ . _____ . _____ .

DAY

40

시간은 많은 것을 해결한다.

지금의 걱정거리도 예외가 아니다.

Time solves a lot of things. Time may also solve
what you are worrying about today.

1. 시간은 많은 것을 해결한다. 지금의 걱정거리도 예외가 아니다.

2.

3.

4.

5.

6.

7.

8.

9.

10.

오늘의 결심

Date ＿＿＿＿＿ . ＿＿＿ . ＿＿＿ .

DAY

41

역사에 기록된 모든 위대한 진전은
열정의 승리다.

*Every great movement in the annals of history
is the triumph of enthusiasm.*

1. 역사에 기록된 모든 위대한 진전은 열정의 승리다.

2.

3.

4.

5.

6.

7.

8.

9.

10.

오늘의 결심

Date _____ . _____ . _____ .

DAY

42

감정을 상하게 하지 말라.

사람을 변화시키지 못할 뿐만 아니라

거부감만 불러일으킨다.

Hurting people not only does not change them,
it is never called for.

1. 감정을 상하게 하지 말라.
   사람을 변화시키지 못할 뿐만 아니라 거부감만 불러일으킨다.

2.

3.

4.

5.

6.

7.

8.

9.

10.

오늘의 결심

Date _____ . _____ . _____ .

DAY

43

이름은 개개인을 차별화시켜주며,

특별한 존재로 만들어준다.

The name sets the individual apart;
it makes him or her unique among all others.

1. 이름은 개개인을 차별시켜주며, 특별한 존재로 만들어준다.

2.

3.

4.

5.

6.

7.

8.

9.

10.

오늘의 결심

Date _____ . _____ . _____ .

DAY
44

상대방을 비판하기 전에
먼저 자신의 잘못을 인정하라.

Talk about your own mistakes
before criticizing the other person.

1. 상대방을 비판하기 전에 먼저 자신의 잘못을 인정하라.

2.

3.

4.

5.

6.

7.

8.

9.

10.

오늘의 결심

Date _____ . _____ . _____ .

DAY

45

누군가의 실수를 바로잡고 싶다면,

그의 실수를 간접적으로 깨닫게 하라.

An effective way to correct others' mistakes is
to call attention to people's mistakes indirectly.

1. 누군가의 실수를 바로잡고 싶다면,
   그의 실수를 간접적으로 깨닫게 하라.

2.

3.

4.

5.

6.

7.

8.

9.

10.

오늘의 결심

Date _____ . _____ . _____ .

성공을 끌어당기는
미러클 선언문

내가 하는 생각,

내가 하는 말이 곧 나의 삶이 됩니다.

나는 앞으로

_____하며

_____하고

_____

할 것입니다.

나는 해낼 수 있습니다.

성공 파워 노트

반복되는 일상에서, 사람들과의 만남에서, 책에서

발견한 성공확언이 있을 거예요.

그것을 여기에 적어보세요.

그 말들이 당신의 잠재력을 일깨워 성공을 앞당길 거예요.

DAY
46

상대방이 좋은 평판을

얻을 수 있게 도와라.

Give the other person a fine reputation to live up to.

1. 상대방이 좋은 평판을 얻을 수 있게 도와라.

2.

3.

4.

5.

6.

7.

8.

9.

10.

오늘의 결심

Date _____ . _____ . _____ .

DAY

47

칭찬은 진정성이 있지만, 아첨은 가식적이다.

The difference between appreciation and flattery?
One comes from the heart out; the other from the teeth out.

1. 칭찬은 진정성이 있지만, 아첨은 가식적이다.

2.

3.

4.

5.

6.

7.

8.

9.

10.

오늘의 결심

자신의 잘못을 인정하라.

그러면 곤란한 상황에 빠지는 일이 없다.

You will never get into trouble by admitting
that you may be wrong.

1. 자신의 잘못을 인정하라. 그러면 곤란한 상황에 빠지는 일이 없다.

2.

3.

4.

5.

6.

7.

8.

9.

10.

오늘의 결심

Date _____ . _____ . _____ .

DAY

49

친구를 사귀고 싶다면 자기 자신을 버리고

타인을 위해 뭔가를 하라.

If we want to make friends, let's put ourselves out to do things
for other people.

1. 친구를 사귀고 싶다면 자기 자신을 버리고 타인을 위해 뭔가를 하라.

2.

3.

4.

5.

6.

7.

8.

9.

10.

오늘의 결심

Date _____ . _____ . _____ .

DAY

50

당신은 이 세상에서 하나밖에 없는 존재다.

그 사실을 기뻐하라.

You are something new in this world. Be glad of it.

1. 당신은 이 세상에서 하나밖에 없는 존재다. 그 사실을 기뻐하라.

2.

3.

4.

5.

6.

7.

8.

9.

10.

오늘의 결심

Date _____ . _____ . _____ .

DAY
51

걱정거리가 생길 때마다 자문하라.

나는 무엇을 걱정하고 있고,

할 수 있는 일은 무엇인지 생각하라.

Whenever I was worried I had written down two questions-
and the answers to these questions:
What am I worrying about? What can I do about it?

1. 걱정거리가 생길 때마다 자문하라.
   나는 무엇을 걱정하고 있고, 할 수 있는 일은 무엇인지 생각하라.

2.

3.

4.

5.

6.

7.

8.

9.

10.

오늘의 결심

Date _____ . _____ . _____ .

DAY 52

삶이 레몬을 건넨다면

그것으로 레모네이드를 만들려고 노력하라.

When you have a lemon, make lemonade.

1. 삶이 레몬을 건넨다면 그것으로 레모네이드를 만들려고 노력하라.

2.

3.

4.

5.

6.

7.

8.

9.

10.

오늘의 결심

Date _____ . _____ . _____ .

DAY
53

최고의 가치를

얻을 수 있는 곳에 돈을 써라.

Learn how to get the best value for your money.

1. 최고의 가치를 얻을 수 있는 곳에 돈을 써라.

2.

3.

4.

5.

6.

7.

8.

9.

10.

오늘의 결심

Date _____ . _____ . _____ .

DAY

54

사사로운 일로 속상해 하지 말라.

사소한 일에 신경 쓰기에는 인생은 매우 짧다.

Let's not allow ourselves to be upset by small things we should despise and forget. Remember 'Life is too short to be little.'

1. 사사로운 일로 속상해 하지 말라.
   사소한 일에 신경 쓰기에는 인생은 매우 짧다.

2.

3.

4.

5.

6.

7.

8.

9.

10.

오늘의 결심

Date _____ . _____ . _____ .

DAY

55

인생은 생각하는 대로 만들어진다.

평화, 용기, 건강, 희망으로 머릿속을 가득 채워라.

Let's fill our minds with thoughts of peace, courage, health,
and hope, for "our life is what our thoughts make it".

1. 인생은 생각하는 대로 만들어진다.
   평화, 용기, 건강, 희망으로 머릿속을 가득 채워라.

2.

3.

4.

5.

6.

7.

8.

9.

10.

오늘의 결심

Date _____ . _____ . _____ .

DAY
56

과거와 미래를 굳게 닫아버리고

오늘을 충실하게 살아가라.

Shut the iron doors on the past and the future.
Live in 'Day-tight Compartments'.

1. 과거와 미래를 굳게 닫아버리고 오늘을 충실하게 살아가라.

2.

3.

4.

5.

6.

7.

8.

9.

10.

오늘의 결심

Date _____ . _____ . _____ .

DAY

57

우리의 문제는 무지가 아니라

행동하지 않는 것이다.

Our trouble is not ignorance, but inaction.

1. 우리의 문제는 무지가 아니라 행동하지 않는 것이다.

2.

3.

4.

5.

6.

7.

8.

9.

10.

오늘의 결심

Date _____ . _____ . _____ .

DAY
58

일에 흥미를 가져라.

삶의 행복이 배로 커진다.

Think only of what getting interested
in your job will do for you.
Remind youself that it may double the amount of happiness
you get out of life.

1. 일에 흥미를 가져라. 삶의 행복이 배로 커진다.

2.

3.

4.

5.

6.

7.

8.

9.

10.

오늘의 결심

Date _____ . _____ . _____ .

DAY

59

누군가의 얼굴에 기쁨의 미소가 번지도록

날마다 선행을 베풀어라.

Do every day a good deed that will put a smile of joy on someone's face.

1. 누군가의 얼굴에 기쁨의 미소가 번지도록 날마다 선행을 베풀어라.

2.

3.

4.

5.

6.

7.

8.

9.

10.

오늘의 결심

Date _____ . _____ . _____ .

DAY
60

꿀 한 방울이 쓸개즙 한 통보다
더 많은 파리를 잡는다.

A drop of honey catches more flies
than a gallon of gall.

1. 꿀 한 방울이 쓸개즙 한 통보다 더 많은 파리를 잡는다.

2.

3.

4.

5.

6.

7.

8.

9.

10.

오늘의 결심

Date _____ . _____ . _____ .

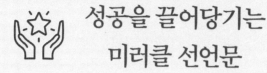

성공을 끌어당기는
미러클 선언문

내가 하는 생각,

내가 하는 말이 곧 나의 삶이 됩니다.

나는 앞으로

_____ 하며

_____ 하고

_____

할 것입니다.

나는 해낼 수 있습니다.

성공 파워 노트

반복되는 일상에서, 사람들과의 만남에서, 책에서

발견한 성공확언이 있을 거예요.

그것을 여기에 적어보세요.

그 말들이 당신의 잠재력을 일깨워 성공을 앞당길 거예요.

DAY 61

타인을 설득하기 전에
자신을 먼저 설득하라.

*Convince yourself before you attempt
to convince others.*

1. 타인을 설득하기 전에 자신을 먼저 설득하라.

2.

3.

4.

5.

6.

7.

8.

9.

10.

오늘의 결심

Date _____ . _____ . _____ .

DAY 62

말은 사람의 품격과

인간관계의 수준을 보여준다.

Our words reveal our refinements; they tell the discerning
listener of the company we have kept.

1. 말은 사람의 품격과 인간관계의 수준을 보여준다.

2.

3.

4.

5.

6.

7.

8.

9.

10.

오늘의 결심

Date _____ . _____ . _____ .

DAY

63

칭찬은 구체적일 때

진실로 와닿는다.

When praise is specific, it comes across as sincere.

1. 칭찬은 구체적일 때 진실로 와닿는다.

2.

3.

4.

5.

6.

7.

8.

9.

10.

오늘의 결심

Date _____ . _____ . _____ .

DAY

64

상대방을 증오하게 되면
주도권을 빼앗기게 된다.

When we hate our enemies,
we are giving them power over us.

1. 상대방을 증오하게 되면 주도권을 빼앗기게 된다.

2.

3.

4.

5.

6.

7.

8.

9.

10.

오늘의 결심

Date _____ . _____ . _____ .

DAY
65

성공비결은 자신의 관점뿐만 아니라

다른 사람의 관점에서 사물을 보고 이해하는 능력에 있다.

*If there is any one secret of success, it lies in the ability to
get the other person's point of view and see things from that
person's angle as well as from your own.*

1. 성공비결은 자신의 관점뿐만 아니라
   다른 사람의 관점에서 사물을 보고 이해하는 능력에 있다.

2.

3.

4.

5.

6.

7.

8.

9.

10.

오늘의 결심

Date _____ . _____ . _____ .

DAY
66

간절한 욕구를 불러일으켜라.

이것을 할 수 있다면 세상을 다 얻을 수 있다.

First, arouse in the other person an eager want.
He who can do this has the whole world with him.

1. 간절한 욕구를 불러일으켜라.
    이것을 할 수 있다면 세상을 다 얻을 수 있다.

2.

3.

4.

5.

6.

7.

8.

9.

10.

오늘의 결심

Date _____ . _____ . _____ .

DAY
67

가능성을 키우는 최고의 방법은

감사와 격려다.

The way to develop the best that is in a person is by
appreciation and encouragement.

1. 가능성을 키우는 최고의 방법은 감사와 격려다.

2.

3.

4.

5.

6.

7.

8.

9.

10.

오늘의 결심

Date _____ . _____ . _____ .

DAY

68

바보들만이 다른 사람을
비판하고 비난하며 불평한다.

Any fool can criticize, condemn and
complain-and most fools do.

1. 바보들만이 다른 사람을 비판하고 비난하며 불평한다.

2.

3.

4.

5.

6.

7.

8.

9.

10.

오늘의 결심

Date _____ . _____ . _____ .

DAY
69

죽은 개를 걷어차는 사람은

아무도 없다.

Remember that no one ever kicks a dead dog.

1. 죽은 개를 걷어차는 사람은 아무도 없다.

2.

3.

4.

5.

6.

7.

8.

9.

10.

오늘의 결심

Date _____ . _____ . _____ .

DAY

70

말을 잘하고 싶다면,

절실하게 말하고 싶은 것이 있어야 한다.

The essence of a good speaker really has
something which he really wants to say.

1. 말을 잘하고 싶다면, 절실하게 말하고 싶은 것이 있어야 한다.

2.

3.

4.

5.

6.

7.

8.

9.

10.

오늘의 결심

Date _____ . _____ . _____ .

DAY

71

훌륭한 대화 상대가 되려면

주의 깊게 듣는 사람이 되어야 한다.

If you aspire to be a good conversationalist,
be an attentive listener.

1. 훌륭한 대화 상대가 되려면 주의 깊게 듣는 사람이 되어야 한다.

2.

3.

4.

5.

6.

7.

8.

9.

10.

오늘의 결심

Date _____ . _____ . _____ .

DAY

72

상대방으로 하여금

자신이 중요하다는 느낌을 갖도록 만들어라.

Always make the other person feel important.

1. 상대방으로 하여금 자신이 중요하다는 느낌을 갖도록 만들어라.

2.

3.

4.

5.

6.

7.

8.

9.

10.

오늘의 결심

Date _____ . _____ . _____ .

DAY
73

훈련과 연습은 두려움을 없애주고

자신감과 용기를 준다.

Training and practise will wear away your audience-fright
and give you self-confidence and an abiding courage.

1. 훈련과 연습은 두려움을 없애주고 자신감과 용기를 준다.

2.

3.

4.

5.

6.

7.

8.

9.

10.

오늘의 결심

Date _____ . _____ . _____ .

DAY
74

유능한 리더가 되고 싶다면
명령하지 말고 요청하라.

*An effective leader asks questions instead of
giving direct orders.*

1. 유능한 리더가 되고 싶다면 명령하지 말고 요청하라.

2.

3.

4.

5.

6.

7.

8.

9.

10.

오늘의 결심

Date _____ . _____ . _____ .

DAY
75

중요한 순서대로

일을 처리하라.

Do things in the order of their importance.

1. 중요한 순서대로 일을 처리하라.

2.

3.

4.

5.

6.

7.

8.

9.

10.

오늘의 결심

Date _____ . _____ . _____ .

성공을 끌어당기는
미러클 선언문

내가 하는 생각,

내가 하는 말이 곧 나의 삶이 됩니다.

나는 앞으로

_____하며

_____하고

_____

할 것입니다.

나는 해낼 수 있습니다.

성공 파워 노트

반복되는 일상에서, 사람들과의 만남에서, 책에서

발견한 성공확언이 있을 거예요.

그것을 여기에 적어보세요.

그 말들이 당신의 잠재력을 일깨워 성공을 앞당길 거예요.

DAY

76

좋아하지 않는 사람에게

단 1분도 낭비하지 말라.

Let's never waste a minute thinking
about people we don't like.

1. 좋아하지 않는 사람에게 단 1분도 낭비하지 말라.

2.

3.

4.

5.

6.

7.

8.

9.

10.

오늘의 결심

Date _____ . _____ . _____ .

DAY
77

친구를 얻고 싶다면
활기차고 열정적인 태도로 사람들을 대하라.

If we want to make friends,
let's greet people with animation and enthusiasm.

1. 친구를 얻고 싶다면 활기차고 열정적인 태도로 사람들을 대하라.

2.

3.

4.

5.

6.

7.

8.

9.

10.

오늘의 결심

Date _____ . _____ . _____ .

DAY
78

작은 발전도 칭찬하라.

칭찬을 아끼지 말라.

Praise the slightest improvement.
Be hearty in your approbation and lavish in your praise.

1. 작은 발전도 칭찬하라. 칭찬을 아끼지 말라.

2.

3.

4.

5.

6.

7.

8.

9.

10.

오늘의 결심

Date _____ . _____ . _____ .

DAY

79

다른 사람이 발전하도록

돕고 싶다면 격려해줘라.

If you want to help others to improve, use encouragement.

1. 다른 사람이 발전하도록 돕고 싶다면 격려해줘라.

2.

3.

4.

5.

6.

7.

8.

9.

10.

오늘의 결심

Date _____ . _____ . _____ .

DAY
80

행복은 저절로 얻는 즐거움이 아니다.

성취해서 얻는 승리감이다.

Happiness is not mostly pleasure; it is mostly victory.

1. 행복은 저절로 얻는 즐거움이 아니다. 성취해서 얻는 승리감이다.

2.

3.

4.

5.

6.

7.

8.

9.

10.

오늘의 결심

Date _____ . _____ . _____ .

DAY
81

엎질러진 우유 때문에
울지 말라.

Don't cry over spilt milk.

1. 엎질러진 우유 때문에 울지 말라.

2.

3.

4.

5.

6.

7.

8.

9.

10.

오늘의 결심

Date _____ . _____ . _____ .

DAY

82

타인의 결점을 개선하고 싶다면

자신부터 변하라.

Do you know someone you would like to change and regulate and improve? But why not begin on yourself?

1. 타인의 결점을 개선하고 싶다면 자신부터 변하라.

2.

3.

4.

5.

6.

7.

8.

9.

10.

오늘의 결심

Date _____ . _____ . _____ .

DAY

83

즐겁게 생각하고 행동하라.

그러면 즐거워질 것이다.

Think and act cheerfully, and you will feel cheerful.

1. 즐겁게 생각하고 행동하라. 그러면 즐거워질 것이다.

2.

3.

4.

5.

6.

7.

8.

9.

10.

오늘의 결심

Date _____ . _____ . _____ .

DAY

84

관심을 받으려고 애쓰지 말라.

다른 사람에게 관심을 가질 때 더 많은 친구를 사귈 수 있다.

You can make more friends in two months by becoming
interested in other people than you can in two years by trying
to get other people interested in you.

1. 관심을 받으려고 애쓰지 말라.
   다른 사람에게 관심을 가질 때 더 많은 친구를 사귈 수 있다.

2.

3.

4.

5.

6.

7.

8.

9.

10.

오늘의 결심

Date _____ . _____ . _____ .

DAY
85

싸구려 칭찬은

하지도 말고 받지도 말라.

Teach me neither to proffer nor receive cheap praise.

1. 싸구려 칭찬은 하지도 말고 받지도 말라.

2.

3.

4.

5.

6.

7.

8.

9.

10.

오늘의 결심

Date _____ . _____ . _____ .

DAY
86

순수한 마음으로

다른 사람에게 관심을 기울여라.

Become genuinely interested in other people.

1. 순수한 마음으로 다른 사람에게 관심을 기울여라.

2.

3.

4.

5.

6.

7.

8.

9.

10.

오늘의 결심

Date _____ . _____ . _____ .

DAY
87

내 집 문 앞이 더럽다면

이웃집 지붕에 쌓인 눈을 불평하지 말라.

Don't complain about the snow on your neighbor's roof,
when your own doorstep is unclean.

1. 내 집 문 앞이 더럽다면 이웃집 지붕에 쌓인 눈을 불평하지 말라.

2.

3.

4.

5.

6.

7.

8.

9.

10.

오늘의 결심

Date _____ . _____ . _____ .

DAY

88

목적을 가지고 행동할 때

마음이 더 편안해진다.

Any physical action with a purpose behind it
may help you to feel more at home.

1. 목적을 가지고 행동할 때 마음이 더 편안해진다.

2.

3.

4.

5.

6.

7.

8.

9.

10.

오늘의 결심

Date _____ . _____ . _____ .

DAY

89

참나무처럼 버티지 말고
버드나무처럼 휘어져라.

Bend like the willow; don't resist like the oak.

1. 참나무처럼 버티지 말고 버드나무처럼 휘어져라.

2.

3.

4.

5.

6.

7.

8.

9.

10.

오늘의 결심

Date _____ . _____ . _____ .

DAY
90

사람들과 좋은 시간을 보내고 싶다면,

사람들과 만나는 것을 좋아하라.

You must have a good time meeting people
if you expect them to have a good time meeting you.

1. 사람들과 좋은 시간을 보내고 싶다면, 사람들과 만나는 것을 좋아하라.

2.

3.

4.

5.

6.

7.

8.

9.

10.

오늘의 결심

Date _____ . _____ . _____ .

성공을 끌어당기는
미러클 선언문

내가 하는 생각,

내가 하는 말이 곧 나의 삶이 됩니다.

나는 앞으로

_____하며

_____하고

_____

할 것입니다.

나는 해낼 수 있습니다.

성공 파워 노트

반복되는 일상에서, 사람들과의 만남에서, 책에서

발견한 성공확언이 있을 거예요.

그것을 여기에 적어보세요.

그 말들이 당신의 잠재력을 일깨워 성공을 앞당길 거예요.

DAY

91

평범한 이야기도 인간미 있는 내용이 담긴다면

훨씬 더 설득력을 갖는다.

The average speech would be far more appealing if it were rich
and replete with human interest stories.

1. 평범한 이야기도 인간미 있는 내용이 담긴다면
   훨씬 더 설득력을 갖는다.

2.

3.

4.

5.

6.

7.

8.

9.

10.

오늘의 결심

Date _____ . _____ . _____ .

DAY
92

당신이 아니라

상대방의 관심사에 관해 이야기하라.

Talk in terms of the other person's interests.

1. 당신이 아니라 상대방의 관심사에 관해 이야기하라.

2.

3.

4.

5.

6.

7.

8.

9.

10.

오늘의 결심

Date _____ . _____ . _____ .

DAY

93

감사는 진솔하게

진심 어린 마음으로 하라.

Give honest and sincere appreciation.

1. 감사는 진솔하게 진심 어린 마음으로 하라.

2.

3.

4.

5.

6.

7.

8.

9.

10.

오늘의 결심

Date _____ . _____ . _____ .

유쾌해지는 최고의 방법은

이미 유쾌한 것처럼 행동하고 말하는 것이다.

If our cheerfulness be lost, is to sit up cheerfully and
to act and speak as if cheerfulness were already there.

1. 유쾌해지는 최고의 방법은
   이미 유쾌한 것처럼 행동하고 말하는 것이다.

2.

3.

4.

5.

6.

7.

8.

9.

10.

오늘의 결심

Date _____ . _____ . _____ .

기억의 법칙은 아주 간단하다.

'인상적일 것, 반복할 것, 결합시킬 것'이다.

'Natural laws of remembering' are very simple.
Briefly, they are impression, repetition, and association.

1. 기억의 법칙은 아주 간단하다.
   '인상적일 것, 반복할 것, 결합시킬 것'이다.

2.

3.

4.

5.

6.

7.

8.

9.

10.

오늘의 결심

Date _____ . _____ . _____ .

DAY

96

마음속에 아이디어가 떠오를 때마다

빠짐없이 기록하라.

Keep on putting down all the ideas which come to your mind.

1. 마음속에 아이디어가 떠오를 때마다 빠짐없이 기록하라.

2.

3.

4.

5.

6.

7.

8.

9.

10.

오늘의 결심

Date _____ . _____ . _____ .

DAY

97

내일을 항상 생각하라.

신중하게 생각하고 계획하고 준비하라.

그러나 걱정하지는 말라.

By all means take thought for the tomorrow, careful thought
and planning and preparation. But have no anxiety.

1. 내일을 항상 생각하라. 신중하게 생각하고 계획하고 준비하라.
   그러나 걱정하지는 말라.

2.

3.

4.

5.

6.

7.

8.

9.

10.

오늘의 결심

Date _____ . _____ . _____ .

DAY
98

억지로라도 미소를 지어라.

행복한 것처럼 행동하면 정말 행복해진다.

*Force yourself to smile. Act as if you were already happy,
and that will tend to make you happy.*

1. 억지로라도 미소를 지어라.
   행복한 것처럼 행동하면 정말 행복해진다.

2.

3.

4.

5.

6.

7.

8.

9.

10.

오늘의 결심

Date _____ . _____ . _____ .

DAY
99

다른 사람을 모방하지 말라.

나를 찾고, 내 모습대로 살아가라.

Let's not imitate others.
Let's find ourselves and be ourselves.

1. 다른 사람을 모방하지 말라. 나를 찾고, 내 모습대로 살아가라.

2.

3.

4.

5.

6.

7.

8.

9.

10.

오늘의 결심

Date _____ . _____ . _____ .

DAY

100

당신이 그토록 걱정하던 내일이 바로 오늘이다.

걱정하는 일이 정말 일어날지는 아무도 모른다.

Today is the tomorrow you worried about yesterday.
How do I KNOW this thing I am worrying about will really
come to pass?

1. 당신이 그토록 걱정하던 내일이 바로 오늘이다.
   걱정하는 일이 정말 일어날지는 아무도 모른다.

2.

3.

4.

5.

6.

7.

8.

9.

10.

오늘의 결심

Date _____ . _____ . _____ .

CERTIFICATE
Of Achievement

your name

축하합니다!

당신은 카네기 성공확언을 매일 새기며

100일 동안의 필사 코스를 완주했습니다.

이것이 거대한 나비효과를 일으켜

당신이 꿈꾸는 성공에 다가서게 할 것입니다.